글 문이재

문이재(文以齋)는 '글의 집'이라는 뜻으로 '文以貫道(문이관도)'에서 나온 말이에요.
창작그룹 문이재는 시인과 소설가, 동화작가, 문학평론가가 모여
청소년의 독서와 글쓰기, 창의적 사고력 증진을 위한 각종 프로그램 개발에 힘쓰고 있어요.
또한 집단 창작과 강연, 출판 등을 통해 다양한 연구 성과를 교육에 적용하고 있어요.

본문에 반복해서 나오는 작은 천사들은 아테나의 지혜를 뜻하는 아기 수호천사와 사랑을 상징하는 아프로디테의 아들 에로스예요. 이 책에는 독자 여러분께 전하고 싶은 수호천사들의 지혜와 에로스의 사랑을 모두 합쳐 엄마 아빠의 마음을 듬뿍 담았어요. 이 세상에서 무지와 폭력을 몰아내려면 지혜와 사랑이 힘을 모아야 한다는 것을 우리는 너무나 잘 알고 있으니까요.

기원전 27년 로마를 새롭게 통일하고 팍스로마나를 선포한 아우구스투스 황제는 제우스의 독수리를 로마 제국의 문장으로 만들어 로마가 그리스 문명의 후계자임을 온 세계에 알렸습니다. 그리스 신화는 로마로 계승 발전되어 더욱 풍요로워졌고 마침내 서양은 그리스 로마 신화라는 헬레니즘 문명으로 정신적 통일을 이루었습니다.

명화로 보는 그리스 로마 신화
제우스 1

펴낸날 2020년 1월 31일
글 문이재
펴낸이 김은정   **펴낸곳** 봄이아트북스   **디자인** choidesignstudio
출판등록 제2019-000142호   **주소** 경기도 파주시 재두루미길 70 페레그린빌딩 308호
전화 070-8800-0156   **팩스** 031-935-0156
ISBN 979-11-90494-22-9 74900

©2020 BOMIARTBOOKS

· 잘못 만들어진 책은 구입처에서 교환해 드립니다.
· 다칠 우려가 있으니 책을 던지거나 떨어뜨리지 않도록 주의해 주십시오.

· 이 책에 나오는 이름, 지명, 명화 제목 등은 어린이들이 읽기 쉽게 가장 널리 알려진 용어로 그리스어, 로마어, 영어 등을 함께 사용하였습니다.

명화로 보는 그리스 로마 신화

제우스 1
Zeus

신들의 왕, 세계의 기원

글 문이재

줄리오 로마노가 그린 〈벼락을 내리치는 제우스〉 1534년

제우스 1
Zeus

옛날 사람들은 수많은 신이 있다고 믿었어요.
인간의 삶과 자연의 신비로운 힘, 그리고 우주의 변화 등
세상 모든 것이 신의 뜻에 따라 움직인다고 생각했지요.
제우스는 그 신들의 아버지이자 왕이었어요.
하늘이라는 뜻이 담긴 이름에서 알 수 있듯이
신과 인간을 지배하는 절대 권력자였지요.
제우스는 결혼을 주관해 사람의 운명을 정해 주는 한편,
천둥과 번개를 내리쳐 못된 자를 벌하기도 했어요.
그런 최고 신 제우스에게도 결정적인 약점이 하나 있었어요.
예쁜 여자만 보면 금세 사랑에 빠지고 말았던 거예요.
그래서 제우스는 늘 아내 헤라의 눈치를 살펴야 했답니다.

하늘의 신이자 제우스의 할아버지였던 우라노스는
자신의 권력을 욕심낼지 모른다며 자식들을 저승 세계로 내쫓았어요.
그중 영특했던 크로노스는 그런 아버지가 못마땅했지요.
잠들어 있는 아버지를 낫으로 해친 뒤 새 지배자가 되었어요.

조르조 바사리가 그린 베키오궁의 천장화 〈우주 탄생의 신 우라노스의 죽음〉 16세기

그런데 하늘의 지배자가 된 크로노스는 아들에게 지배권을 빼앗길 것이라는 예언을 받게 되지요.

피에르 미냐르가 그린 〈사랑마저도 시간으로 다스리는 크로노스〉 1694년

차친토 지미냐니가 그린 〈세상의 모든 것을 다스리는 시간의 신 크로노스〉 1681년

사랑하는 아내인 대지의 여신 레아와 결혼했지만
크로노스는 늘 불안했어요.
자신이 아버지를 해치운 뒤 권력을 움켜쥔 것처럼
똑같은 일이 벌어질 수 있다고 생각했지요.

크로노스는 고민을 거듭했어요.
어떻게든 권력을 지키고 싶었으니까요.
그런데 방법은 오직 하나,
자식을 없애는 것뿐이었지요.

얀 반 케셀이 그린 〈아이를 삼키는 크로노스〉 1660년

크로노스는 자식이 태어날 때마다
잡아먹고 말았어요.
아내 레아에게는 미안한 일이었지만
권력을 지키기 위해서는 어쩔 수가 없었지요.
그런데 막내 제우스는 살아남았어요.
레아가 강보에 싼 돌덩이를
제우스인 것처럼 꾸며서
크노로스가 삼키도록 했거든요.

요아힘 폰 잔드라르트가 그린 〈아이들을 죽일까 고민하는 크로노스〉 1644년

레아는 남편 크로노스의 눈을 피해
제우스를 자연의 정령 님프에게 맡겨 기르게 했어요.
갓난아기 제우스는 젖이 늘 부족했지만
산양 젖과 벌들이 모아 놓은 꿀 덕분에
무럭무럭 자랄 수 있었지요.

니콜라 푸생이 그린 〈산양 아말테이아의 젖을 먹는 제우스〉 1637년

니콜라스 베르헴이 그린 〈쿠레테스의 도움을 받아 제우스를 키우는 레아〉 1648년

크레타섬의 정령인 쿠레테스 역시
제우스를 보호해 주었어요.
어린 제우스의 울음소리를
크로노스가 듣지 못하도록
창과 방패를 요란하게 두드렸지요.

님프의 보호 아래 건강하게 자란 제우스는
아버지를 찾아가 결투를 벌여 가까스로 이겼어요.
그래서 아버지가 집어삼킨 형들과 누나들을
모두 토해 내게 할 수 있었지요.
목숨을 구한 형 하데스와 포세이돈은 지하 세계와 바다를,
누나 헤스티아와 데메테르는 화롯불과 곡식을 맡았어요.
그리고 가정과 결혼의 신이 된 누나 헤라는
막내 제우스의 아내가 되었지요.

프란츠 크리스토프 야네크가 그린 〈제우스와 헤라〉 18세기

암브로지오 피지노가 그린 〈제우스와 헤라〉 1599년

제우스는 비록 막내였지만
아버지 크로노스를 이겨
형제들의 목숨을 구했기 때문에
신들의 왕이 되었어요.
이처럼 아버지와 아들이 싸우는 신화는
낡은 문명과 새로운 문명의 교체를 상징해요.
옛 시대의 경험을 바탕으로
새로운 시대를 열어 나가는 것이지요.

하지만 크나큰 위기가 찾아왔어요.
거인족 타이탄이 불쌍한 크로노스를 위해 복수한다면서
제우스와 올림포스 신들에게
싸움을 걸어왔던 거예요.

요아힘 우테웰이 그린 〈타이탄 전투〉 1600년

하지만 타이탄의 속마음은 다른 데 있었어요.
신들의 왕 제우스가 가진 권력이 탐났던 것이지요.
제우스는 겁에 질린 신들을 안심시킨 뒤
타이탄에게 벼락과 천둥을 내리쳤어요.

줄리오 로마노가 그린 〈돌더미 속에 묻히는 타이탄 거인들〉 1534년

하지만 타이탄의 기세도 만만치 않았어요.
제우스는 팔과 손을 백 개씩 가진
거인 헤가톤케이레스를 불러
바위를 올림포스산 밑으로 굴리라고 명령했지요.
결국 바위에 깔린 타이탄이 흙더미에 묻히면서
제우스는 승리를 거두었답니다.

타이탄과의 전쟁에서 이겨 으뜸 신이 된 제우스는
아버지의 배 속에서 되살아난 형제를 비롯한
여러 신과 함께 올림포스산 꼭대기에서 세상을 다스렸어요.

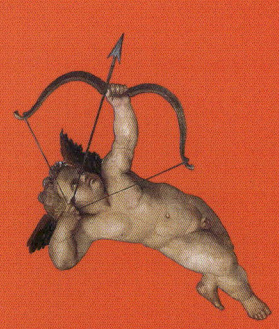

라파엘로 산치오가 그린 〈올림포스의 신들〉 1517년

고대 그리스의 문학 작품에 등장하는 올림포스 열두 신은 제우스와 헤라, 포세이돈, 데메테르, 아레스, 헤르메스, 헤파이스토스, 아프로디테, 아테나, 아폴론, 아르테미스, 디오니소스랍니다.